RAPPORT

DU

CITOYEN GAYET

DÉLÉGUÉ

AU CONGRÈS DE LYON

Prix : 25 centimes.

GRENOBLE

IMPRIMERIE ET LITHOGRAPHIE VEUVE RIGAUDIN

8, rue Servan, 8

—

1878

RAPPORT

DU

CITOYEN GAYET

DÉLÉGUÉ

AU CONGRÈS DE LYON

Prix : 25 centimes.

GRENOBLE

IMPRIMERIE ET LITHOGRAPHIE VEUVE RIGAUDIN

8, rue Servan, 8

—

1878

RAPPORT

DU CITOYEN GAYET

Citoyens,

Avant de commencer mon rapport, je vais essayer de vous faire connaître l'utilité des congrés et quels sont les avantages que nous devons en attendre.

La première amélioration que nous en tirerons, ce sera de cesser, pour nous, travailleurs, de vivre séparément et ignorés les uns des autres.

Vient ensuite l'étude en commun de toutes les questions qui se rattachent au prolétariat ; questions ardues, mais qui, aujourd'hui, ont un sens défini et dont les problèmes ne sont en partie -plus à chercher.

Honneur donc aux initiateurs de ces nobles *assises de la production!* Honneur à ces ouvriers intelligents qui, par leur persévérance et leur courage, ont su, en si peu de temps, réunir sous la même bannière tous les travailleurs de France !

A l'atelier, notre chaîne nous paraît lourde ; nous gémissons en silence, et souvent même, dans les moments de chômage, la vie nous apparaît comme un châtiment venu des enfers tout exprès pour torturer ceux qui sont chargés de nourrir, abriter, vêtir, enrichir ceux qui les exploitent !

Quelle différence, mes amis, on trouve au sein d'un congrès ; là seulement on peut se faire une idée vraie de ce qu'est le travailleur ; là seulement on est fier du titre de producteur, parce qu'il est dans le cerveau de tous que, sans production, il n'est point de famille, de bien-être de fortune ; — on est fier encore, parce que notre travail fait de notre patrie le phare du monde civilisé, et fait espérer à l'humanité tout entière la venue prochaine de ce nouveau messie qui a nom *Socialisme*.

Citoyens,

Vous m'aviez, dans une de vos dernières séances, confié
mandat de vous représenter au Congrès de Lyon. J'aurais dési
que votre choix tombât sur un citoyen plus autorisé et plus i
telligent que moi, qui aurait sans doute pu, beaucoup mieux q
je ne le ferai, vous renseigner sur les moyens qui ont été exp
sés, et sur ceux aussi qui doivent être mis en vigueur au se
de notre jeune famille.

Je ne vous entretiendrai pas des difficultés sans nombre q
existent alors qu'il faut traiter ces hardies questions sociales
devant lesquelles bien des penseurs ont reculé. Je me bornei
simplement à vous donner les résolutions votées pour chacu
des neuf questions posées, et ensuite les engagements pris
sein des commissions pour arriver sans secousse à la réalisati
du problème que nous cherchons.

Aux deux premières assises du travail, dans ces congrès q
l'on peut sans crainte appeler *Assemblée des Etats-Générai*
de la production, vous avez tenu à honneur d'y être repr
sentés. C'est votre deuxième pas vers la fédération que no
avons fait ensemble, et il ne sera pas le dernier, car tous l
jours nous faisons de nouveaux progrès, et le temps, ce gra
juge, ne se mesure pas.

RAPPORT.

28 janvier. — Première journée.

Après la formation du bureau, on passa à l'ordre du jour.

Plusieurs citoyens s'étant fait entendre sur l'utilité des co
grès et sur le mode à employer pour traiter les neuf questio
portées au questionnaire, on décida que neuf bureaux ou se
tions seraient établis, et que là on préparerait le travail qui,
soir, devait être soumis à la sanction du Congrès; puis, qu'apr
l'audition des orateurs, une commission de résolution serait no
mée pour faire le rapport sur la question à l'ordre du jour,

que ces résolutions ne seraient mises à jour qu'à la dernière séance, afin de donner aux membres des diverses commissions le temps d'en bien étudier et les termes et l'importance.

Après le classement des questions, il fut décidé, pour le lendemain, que le *travail des femmes* aurait la priorité sur les autres questions.

Soirée tumultueuse à l'ouverture, mais bientôt calme et digne, et bien capable de porter envie à des assemblées où l'intérêt des peuples sert d'enjeu.

A minuit, la séance est levée au cri de : *Vive la République sociale !*

---

29 janvier. — Deuxième journée.

TRAVAIL DES FEMMES.

Dès neuf heures du matin jusqu'à cinq heures du soir, fonctionnement des commissions. Charmant spectacle de voir les délégués demander leur inscription pour une ou plusieurs questions. La joie est peinte sur le visage de chacun, car chacun est convaincu qu'il emportera dans sa localité une pensée qui devra féconder le germe de notre revendication sociale.

Onze orateurs ont pris part à cette question qui, plus elle est développée, plus elle est palpitante d'intérêt.

Six délégués ou déléguées sont nommés pour les résolutions de cette question.

RÉSOLUTIONS. — (Rapporteur : citoyenne André.)

1° Formation de chambres syndicales de femmes des villes et des campagnes ;

2° Application de tarif de chaque corporation des deux sexes, sur le travail des prisons et de l'équipement militaire ;

3° Suppression des veillées, formation de la journée à *huit heures de travail,* sans réduction de salaire, la loi sanctionnant cette disposition pour les fabriques de toutes sortes ;

4° Suppression des bureaux de placements laïques ou religieux ;

5° Remaniement de la loi sur le travail des enfants dans les manufactures, son application dans les ouvroirs et couvents ; fixation par cette loi de l'âge de treize ans pour l'entrée en apprentissage, tout travail d'enfant ne devant avoir que ce but. —

Que les chambres syndicales ouvrières soient appelées à nommer dans leur sein la moitié des membres de la commission devant appliquer cette loi et en surveiller l'application.

6° Formation dans toutes les villes d'une commission d'initiative des deux sexes ;

7° Abolition de toutes les lois restrictives du droit d'association et de réunion ;

8° Suppression de tous les couvents et ouvroirs, demandée par un pétitionnement général de femmes.

Telles sont, citoyens, les résolutions se rattachant à cette première question.

---

30 janvier. — Troisième journée.

La question à l'ordre du jour est *des chambres syndicales et des associations coopératives.*

Après une longue discussion, il est décidé que ces deux chefs : *chambres syndicales et associations* formeraient deux questions séparées.

Bien qu'elles aient été discutées séparément, je ne donnerai qu'en temps et lieu les résolutions qui s'y rattachent. Je dirai en passant que les chambres syndicales sont un moyen, mais qu'elles ne sont pas un principe ; cependant c'est par elles que nous devons passer pour arriver au bien-être social.

1er février. — Cinquième journée.

CRISES INDUSTRIELLES ET CHÔMAGE.

(Rapporteur : citoyen Nicolas).

Les crises industrielles et le chômage donnent lieu à de profondes réflexions ; huit orateurs viennent développer à la tribune les causes et des crises industrielles et des chômages.

Les citoyens Finance, Lavergne et Pointard, tout en établissant de magnifiques discours, n'aboutissent pas à donner des moyens prompts et applicables pour combattre ce mal si redoutable et que le travailleur seul est appelé à en souffrir si cruellement.

La commission chargée d'étudier cette question est composée de sept membres, savoir : les citoyens Nicolas, Bonnal, Elzéard, Prat, Reynier, Mermet et Gayet, de Grenoble.

Lors de la lecture du rapport de cette commission, son rapporteur, le citoyen Nicolas, sortant de la question sociale et étant entré en plein terrain politique, le président le rappela à l'ordre ; cet incident fut bientôt aplani et la commission, suivant l'avis du bureau, se retira, non pour changer quoi que ce soit des conclusions, mais seulement pour modifier le passage se rattachant à la politique.

Votre mandataire fut alors chargé du soin de donner connaissance du rapport et voici quelles ont été les résolutions :

Attendu que jamais les crises industrielles n'ont frappé avec autant de vigueur que depuis l'année néfaste de la guerre et de nos discordes civiles ;

Attendu que l'année 1871 a chassé de France une grande masse de spécialistes ; que ces spécialistes aujourd'hui ont porté à l'étranger et leur savoir et leur industrie ; que la France, dès lors, est devenue importatrice des objets dont elle était exportatrice.

En conséquence,

La commission, à l'unanimité, demande au Congrès de voter le vœu suivant :

Amnistie pleine et entière pour tous les faits se rattachant à la Commune et tous autres faits politiques, jusqu'au 16 mai 1877.

De ces chefs, la commission demande :

1° La rétribution, par voie de jetons de présence, de toutes les fonctions électives ;

2° La liberté, pour les chambres syndicales, de se fédérer comme elles l'entendront.

La commission, après avoir considéré le travail de nuit, a pris les résolutions suivantes :

1° Que la loi établisse qu'un patron n'a pas le droit d'exiger plus de *dix heures* par jour d'un ouvrier ;

2° La liberté aux chambres syndicales de se fédérer à leur gré, afin de pouvoir suivre les fluctuations du travail et renseigner chacun au mieux de tous les intérêts ;

3° Suppression du travail des couvents et des prisons ;

4° Que la fédération une fois obtenue, les chambres syndicales imposent à leurs membres, en vue de leur sauvegarde et

pour le salut de la communauté, l'obligation morale de refuser
le travail supplémentaire, en tant que travail régulier périodi-
que et pouvant être prévu ;

5° Elle pose, en principe, que la journée de l'homme doit
être ainsi remplie : *huit heures* au travail, *huit heures* à l'étude
et *huit heures* au repos.

Un nouvel incident a lieu ; cette fois c'est le mot *amnistie*
qui l'a provoqué.

Le citoyen Labouret proteste contre toute idée politique émise
au sein du Congrès. Le citoyen Bonaventure soutient, au con-
traire, les conclusions du rapport.

La clôture demandée est mise aux voix et est adoptée.

Le président invite le rapporteur de retirer le vœu qui a trait
à l'amnistie.

Le citoyen Gayet, de Grenoble, déclare qu'en son nom particulier et dans l'intérêt même des Congrès futurs, il retire le
passage qui a trait à l'amnistie.

L'amnistie est dans nos cœurs, a-t-il dit, cela nous suffit.

L'incident est clos par les applaudissements du Congrès.

Le rapport modifié est adopté à la presque unanimité.

---

2 février. — Sixième journée.

INSTRUCTION, ENSEIGNEMENT PROFESSIONNEL ET APPRENTISSAGE.

(Rapporteur : le citoyen Desmoulins.)

Onze orateurs ont été entendus. Cette question demande une
grande sagesse et un haut savoir pour la traiter sur des bases
irréfutables ; la commission chargée d'en élaborer les résolutions fut ainsi choisie :

Desmoulins, Garnier, Lombard, Prost, Frilley, Joglas et la
citoyenne Vincent.

RÉSOLUTIONS.

La commission demande :

1° Un système à l'égard de l'apprentissage et de l'enseignement professionnel d'éducation nationale, laïque, obligatoire,
intégral et gratuit ;

2° Abrogation des lois restrictives de la liberté d'esprit, et en particulier de la loi Falloux (15 mars 1850). Une loi nouvelle qui rende l'éducation obligatoire;

3° Suppression de la lettre d'obédience, afin d'établir l'égalité des professeurs devant la loi;

4° Quant à l'apprentissage, le Congrès déclare qu'il est urgent qu'une nouvelle loi règle les contrats d'apprentissage; il pense d'ailleurs qu'il appartiendra aux associations coopératives de réaliser un véritable enseignement professionnel intégral.

En conséquence, le Congrès demande:

1° Rétribution des instituteurs, des professeurs et des institutrices;

2° L'exprimer de nouveau les réclamations déjà émises devant les chambres législatives;

3° Abrogation des lois restrictives et de la liberté d'esprit;

4° Il demande une loi qui rende l'éducation laïque, obligatoire, intégrale et gratuite;

5° Il appuie la proposition déjà présentée à la Chambre des députés, dans le but d'ouvrir dans chaque chef-lieu de département une école professionnelle.

---

3 février. — Septième journée.

REPRÉSENTATION DIRECTE DU PROLÉTARIAT AU PARLEMENT.

(Rapporteur : le citoyen Goyon.)

Cette question, de laquelle dépend l'avenir des travailleurs, a donné à onze orateurs l'occasion de démontrer combien il est urgent que l'ouvrier ait aussi ses représentants.

En effet, au Parlement, on y voit siéger : l'armée, représentée par des officiers supérieurs; le clergé, représenté par des têtes mitrées; la noblesse, représentée par les débris survivants de la grande Révolution (1792); la bourgeoisie enfin, représentée par la fine fleur des banquiers, avocats, notaires et gros propriétaires; l'industrie, par quelques rares manufacturiers, et encore votent-ils toujours avec ceux qui ont intérêt à reculer notre marche en avant.

Or donc, comme le prolétaire a le droit aussi d'être représenté, le Congrès a, par ses résolutions, constaté qu'étant le nombre et la source de la richesse nationale, il ne peut rester plus longtemps dans cet état.

En conséquence,

Considérant que la représentation directe du prolétariat au Parlement est presque unanimement considérée comme l'un des agents les plus actifs de nos légitimes réclamations; que son inefficacité est maintenant hors de doute, et qu'elle fera nécessairement porter au Congrès tous ses fruits, en nous permettant de présenter les *cahiers du Prolétariat.*

Par ces motifs :

1° Le Congrès affirme le principe de la représentation directe du prolétariat au Parlement ;

2° Le mandat de député ouvrier comprendra, dans tous les cas, ces points essentiels :

A. — Les candidats devront accepter formellement le programme socialiste imposé par leurs comités.

B. — Le candidat s'engagera par écrit à remplir toutes les conditions du programme, faute de quoi il sera déclaré déchu et impropre à remplir désormais aucune fonction élective au nom du prolétariat.

3° Pendant la période électorale, il sera constitué des groupes formant des comités d'électeurs dont le fonctionnement sera organisé de la même façon que les comités électoraux ;

4° Il sera créé des journaux socialistes, lesquels ne devront préconiser exclusivement que les candidatures ouvrières. Ces journaux seront subventionnés par souscriptions de travailleurs, recueillies soit dans les chambres syndicales, soit aux caisses de sociétés en commandite fondées à cet effet (loi du 24 juillet 1867).

Les groupes ou comités devront s'adresser, pour la portion matérielle de confection des journaux, aux associations ou sociétés ouvrières typographiques existantes dans la plupart des centres industriels de France.

5° Dans les circonscriptions où se présenteront trois candidats, socialiste, républicain et réactionnaire, le devoir du parti socialiste ouvrier est de s'affirmer, au premier tour, sur le nom du candidat ouvrier, sauf à se rallier, au deuxième tour, au candidat républicain, s'il y avait péril pour la République. — Dans les circonscriptions ouvrières où il n'y aura pas de candidature ouvrière, le devoir du parti socialiste sera de s'affirmer et de se compter au premier tour, en votant par bulletin blanc, quitte à se rallier, au deuxième tour, à la candidature républicaine la plus accentuée.

Si je suis entré dans la question politique, citoyens, c'est que la cinquième question m'y a obligé. Je vous dois tout au long les résolutions prises par les neuf commissions.

---

4 février. — Huitième journée.

CAISSE DE RETRAITE A LA VIEILLESSE ET AUX INVALIDES DU TRAVAIL DES DEUX SEXES DES VILLES ET DES CAMPAGNES.

(Rapporteur : la citoyenne Finet.)

1° En principe, nous repoussons toute intervention de l'Etat;

2° Nous engageons très-vivement toutes les chambres syndicales à constituer des caisses de retraite pour la vieillesse et les invalides du travail;

3° Nous invitons les sociétés de production et de consommation à prendre sur les bénéfices réalisés une part pour organiser les caisses de retraite;

4° Etant donné que les sociétés de secours mutuels ont une organisation défectueuse, nous demandons leur transformation en assurances générales contre les maladies, le chômage, et qu'elles créent des caisses de retraite pour la vieillesse;

5° Déclarons qu'en attendant la transformation économique, toutes les sociétés organisées doivent, par une cotisation mensuelle, si minime qu'elle soit, constituer l'épargne, en vue de créer des assurances appelées à garantir les prolétaires contre les risques et accidents multiples que l'organisation vicieuse de la société actuelle rend si fréquents.

Cette question, à la fois profonde et palpitante d'intérêt, a été discutée par neuf orateurs, qui tous ont refusé l'intervention de l'Etat.

---

5 février. — Neuvième journée.

TRAVAIL AGRICOLE ET RAPPORTS ENTRE LES OUVRIERS DES VILLES ET CEUX DES CAMPAGNES.

(Rapporteur : le citoyen Jacquemin.)

1° Organisation d'associations agricoles à l'instar des chambres syndicales des villes. L'autorité morale qu'elles acquerront les mettra à même de terminer à l'amiable quantité de petits conflits qui, maintenant, ne se dénouent que devant le juge de paix ;

2° Fédération des chambres syndicales des villes et des campagnes, en vue d'établir des rapports constants au point de vue intellectuel et au point de vue économique pour équilibrer le plus possible les salaires des deux parts ;

En outre, à l'égard des ouvriers de la terre proprement dits, les attacher par tous les moyens à la culture du sol en leur faisant sentir que le bonheur et l'indépendance se rencontrent plus souvent au village qu'à la ville ;

3° Installation dans chaque canton d'un conseil de prud'hommes agricoles ;

4° Dans chaque commune, fondation d'une bibliothèque populaire, où naturellement une large place serait faite aux ouvrages d'histoire, de droit, d'hygiène, d'agriculture et de sciences appliquées. Les paysans se convaincront progressivement, par la lecture de ces ouvrages, des avantages multiples de la grande culture sur la petite.

La bibliothèque sera le centre d'action intellectuel de la commune. On y passera les soirées d'hiver et l'on trouvera, nous devons l'espérer, dans les habitants des villes, quantité de citoyens dévoués qui viendront y faire des conférences. Il serait bon d'y instituer des cours de musique vocale, qui feraient disparaître du village les chants grossiers que l'on y entend encore.

En terminant, nous faisons des vœux pour que les instituteurs y deviennent un peu plus capables, plus rétribués et plus libres.

Huit orateurs ont été entendus.

---

6 février. — Dixième journée.

VAGABONDAGE ET MŒURS DANS LES CENTRES INDUSTRIELS.

(Rapporteur : le citoyen Malinvaud, de Limoges.)

Deux points principaux sont sortis des résolutions :

1° Que l'existence des vagabonds dans une société dite civilisée est une honte ;

2° Que la mauvaise organisation économique de la société nous apparaît comme la cause directe du vagabondage, de la mendicité et de tous les autres désordres ;

3° Qu'un ensemble d'institutions de nature à pourvoir à la subsistance et à l'éducation professionnelle des jeunes vagabonds permettrait à la société d'obtenir ces deux résultats si précieux : les sauver de la misère en utilisant leur intelligence et mettre en valeur des fonds de terre dont la stérilité actuelle est la condamnation même de notre régime économique.

A l'égard des mœurs, des révélations terribles ont été apportées à la tribune du Congrès au sujet de ce qui se passe journellement dans nos manufactures et dans nos centres industriels ;

C'est une honte encore plus grande pour la société que l'abandon absolument inhumain dans lequel sont laissées les filles des pauvres ;

C'est dans cet abandon, c'est dans l'insuffisance du salaire des femmes qu'il faut chercher la cause vraie de la prostitution.

En conséquence, le Congrès déclare :

1° Le service des mœurs est immoral ;
2° Le service des mœurs est illégal ;
3° Le service des mœurs est inutile et inefficace.

La huitième commission propose donc au Congrès d'émettre les vœux suivants :

1° Qu'au régime actuelle de répression du vagabondage on substitue un régime tendant à relever et à instruire les jeunes vagabonds ;
2° Que le régime de la surveillance de la haute police, cause si directe du vagabondage, soit aboli.

A l'égard des mœurs :

1° Qu'il n'y ait plus de prostitution légale ;
2° Que le service immoral dit : police des mœurs, soit aboli.

7 février. — Onzième journée.

CONSEILS DES PRUD'HOMMES.

(Rapporteur : le citoyen Salomon Balthazard.)

Considérant que les lois de 1806, 1809, 1849, 1851 ne répondent plus à nos besoins, ainsi que toutes celles antérieures, celles-ci sont et demeurent purement et simplement abrogées ; en conséquence, nous émettons les vœux suivants :

1° Abrogation des lois et décrets ;

2° Considérant que pour établir d'une façon définitive et succincte les différends entre patrons et ouvriers, nous vous proposons de faire un code usuel unique et professionnel ;

3° Considérant que beaucoup de compagnies et manufacturiers imposent des règlements au détriment des ouvriers, nous vous proposons l'intervention directe du conseil des prud'hommes dans les règlements d'ateliers, de chantiers, d'usines, mines, manufactures et de toutes les compagnies de chemins de fer, omnibus, etc., etc. ;

4° Considérant que la loi sur le travail des enfants dans les manufactures ne donne aucune satisfaction contre les abus qui se produisent, nous vous proposons :

Que les conseillers prud'hommes aient le droit, sans que plainte ait été portée, de faire des visites dans les ateliers, chantiers, etc., etc., sans distinction du nombre d'employés, et sévir contre les abus qui s'y produisent relativement au travail des enfants ;

5° Pour que les conseils de prud'hommes jouissent de toute la liberté due à leurs fonctions, nous vous proposons : l'électorat des conseils de prud'hommes, basé sur la liste électorale politique ;

6° Éligibilité des conseils de prud'hommes à l'âge de vingt-cinq ans et trois ans d'aptitude professionnelle ;

7° Augmentation du nombre de conseils et de conseillers, suivant les besoins professionnels, au moins dans chaque canton ;

8° Gratuité totale des frais judiciaires ;

9° Pour ce qui concerne le règlement intérieur de chaque conseil, la loi lui laissera son autonomie pleine et entière ;

10° Les conseils de prud'hommes sont composés mi-partie de patrons et d'ouvriers ;

11° Considérant que les employés de commerce, industrie, garçons limonadiers, domestiques, valets, garçons de peine, clercs d'études, bonnes, demoiselles de magasins, etc., en un mot toutes citoyennes ou citoyens dont le salaire est tarifé au mois et à l'année ;

Attendu que cette catégorie sus-nommée forme le principal appoint de la classe des travailleurs dans les centres industriels et qu'il est nécessaire que les différends entre patrons et employés soient réglés par les prud'hommes ;

Nous demandons qu'il soit ajouté aux 234 catégories reconnues par la loi, la catégorie des employés de commerce industriel ;

12° Considérant que dans les différends professionnels les conseils de prud'hommes sont souvent incompétents, la conciliation devra être remplacée par un conseil composé mi-partie patrons, mi-partie ouvriers choisis par leurs chambres syndicales respectives des deux sexes ;

13° Tout jugement rendu par le conseil des prud'hommes, soit contradictoire ou par défaut, sera signifié dans les trois jours francs de leur prononcé, s'il n'est frappé d'apppel ou d'opposition ; il sera exécutoire dans les trois jours ;

14° En cas d'appel, les conseillers prud'hommes de l'arrondissement seront seuls arbitres des différends engagés ; ce tribunal jugera en dernier ressort ;

15° Lorsqu'une convention aura été passée entre une chambre syndicale ouvrière et une chambre syndicale patronale, portant sur une augmentation de salaire ou autres améliorations, les conseils de prud'hommes seront mis en demeure d'appliquer lesdites conventions à leur époque fixée ;

16° Attendu que les conseils de prud'hommes sont incompétents pour juger le travail de la femme, nous vous proposons :

Que les femmes aient droit au conseil des prud'hommes à titre de juges supplémentaires, dans les questions qui seront de leur ressort ;

17° Toutes les séances du conseil devront être publiques et auront lieu le soir.

Ainsi que vous avez pu le remarquer, citoyens, ces huit questions, dont je viens de vous donner les résolutions, démontrent d'une façon irréfutable les besoins qu'ont les travailleurs de chercher le remède à leurs maux présents et futurs, afin que le mal social cesse, sinon en son entier, du moins en forte partie.

Le remède, je l'ai dit en commençant, vous le trouvez tout entier dans les chambres syndicales et les associations coopératives.

Les chambres syndicales sont le moyen, les associations sont le principe.

Avec les associations, nous pourrons et sous peu de temps non-seulement goûter les fruits de la vie à bon marché, mais encore jouir des bienfaits qu'elles entraînent avec elles au point de vue de l'instruction et des mœurs, mais encore au point de vue social en général.

Je reviens donc à mon sujet, c'est-à-dire à la deuxième question du Congrès : *Chambres syndicales et associations coopératives*, qui, après avoir été discutée en commission, fut partagée en deux bureaux différents : l'un devait étudier les *chambres syndicales* et l'autre les *associations coopératives*.

Ce fut par ce moyen qu'on a pu arriver à résoudre ce problème, qui paraissait si difficile, et devant lequel bon nombre d'économistes ont reculé.

La force du raisonnement a démontré que l'association ne pouvait arriver jusqu'à nous qu'avec le groupement, il fut décidé que, pour arriver au principe de l'association, on fonderait des chambres syndicales qui s'uniraient entre elles par la fédération départementale d'abord, puis ensuite par la fédération nationale.

En conséquence, les résolutions suivantes ont été prises :

CHAMBRES SYNDICALES & ASSOCIATIONS COOPÉRATIVES.

30-31 janvier. — Troisième et quatrième journée.

(Rapporteur : le citoyen Chausse.)

1° Les délégués au Congrès et tous ceux qui sont convaincus de l'efficacité du groupement corporatif, sont invités à faire tous leurs efforts et à prendre au besoin l'initiative pour l'organisation de chambres syndicales agricoles ou industrielles *uniprofessionnelles* dans les grands centres, communes à plusieurs ou à toutes les professions, dans les localités où cela sera jugé utile ;

2° Le Congrès est d'avis que les syndicats ne rendront tous les services qui en découlent que le jour où les chambres syndicales seront unies solidairement par la fédération dans chaque centre et entre les différentes localités ;

3° Les chambres syndicales doivent avoir pour objet :

A. — La régularisation de la production.

B. — Le maintien des salaires et la défense des intérêts généraux. Par la résistance juridique et la mise à l'interdit des établissements reconnus comme rompant l'équilibre entre les nécessités des travailleurs et les exigences du capital.

C. — Le placement des ouvriers et apprentis.

D. — L'enseignement professionnel.

E. — La surveillance des apprentis.

F. — La mise à l'étude continuelle des moyens pratiques pour la création de caïsses de chômage, d'assurances mutuelles contre les risques à la vie industrielle ou agricole, les maladies et la vieillesse ;

4° Les syndicats ne devront pas oublier que le salariat n'étant que l'état transitoire entre le servage et un état innommé, ils devront mettre tout en œuvre pour l'établissement de sociétés générales, de consommation, de crédit et de production, appuyé sur un contrôle sérieux dont l'absence est la cause des insuccès passés ;

5° Le Congrès conclut à l'abrogation de toutes les lois restrictives du droit de *réunion* et d'*association*.

Vive la République sociale !

Citoyens,

Ma tâche est terminée ; le mandat que j'avais reçu de vous a été, je crois, rempli imparfaitement, vu mon peu de savoir ; mais cependant je vous déclare que j'ai fait mon possible pour apporter à notre famille naissante tous les moyens qui aujourd'hui sont applicables, si réellement nous sommes animés du feu sacré de l'indépendance des pionniers du travail.

Tous nos frères de France ont l'espoir que, bientôt, tous leurs maux seront terminés ; tous ont compris que l'union seule peut mettre un terme à tant de douleurs.

C'est donc à nous, travailleurs de Grenoble et de ses annexes,

à faire de suprêmes efforts pour sortir de l'ornière où le capital nous retient avec tant de persistance.

Montrons, par notre sagesse, à ceux qui croient que nous ne sommes pas prêts pour jouir de toute notre liberté et de tout notre bien-être, qu'ils se trompent grossièrement. Prouvons-leur que nous sommes aptes à faire nos affaires nous-mêmes, puisque toujours ils amènent l'eau à leur moulin.

Jusqu'à ce jour, on nous a tout refusé. Etant jeune, on a refusé à notre intelligence l'instruction! Homme, devant notre produit, on nous donne juste pour ne pas mourir de faim! Vieillard, on nous repousse! Nous sommes usés par le travail et les privations, deux portes nous restent ouvertes : la *mendicité* ou *l'hôpital!*

Pour remédier à ce mal, fondons, fondons vite nos associations, de consommation d'abord, ensuite de production.

Dans nos chambres syndicales, créons une école de dessin, de mathématiques, de français et d'histoire; prouvons que, sous notre grossière écorce, il est un cœur qui aime et une intelligence avide de s'instruire.

Nos besoins sont grands, mais nous savons qu'il est des moyens prompts pour y remédier; ces moyens, les résolutions du Congrès les ont donnés :

Les associations coopératives,
La fédération des chambres syndicales.

Vive la République sociale!

Grenoble, 2 mars 1878.

GAYET, *mécanicien,*
Délégué de la Métallurgie grenobloise et de ses annexes.

CAISSE DE RETRAITES

POUR

LES INVALIDES DU TRAVAIL

Discours prononcé par le citoyen **GAYET**,
au Congrès de Lyon 1878.

Citoyennes et Citoyens,

La question que je viens traiter ici n'a pas le privilége de la première jeunesse, elle est aussi vieille que la production elle-même, et elle se nomme : Caisse de retraite pour les travailleurs des deux sexes des villes et des campagnes.

De nombreux et savants philosophes ont traité la question ouvrière ; ils l'ont fait avec tact, mais malheureusement leur voix, bien qu'éloquente, ne fut jamais prise au sérieux par nos législateurs.

Cette grave question fut donc présentée aux masses comme une étude, mais nos mantataires au Parlement se sont bien gardés d'en jamais parler, encore bien moins d'en essayer l'application. (Approbation.)

Pourquoi, me direz-vous, ne s'en sont-ils pas occupés ? C'est que depuis 1789 nous avons eu à subir cinq monarchies, toutes plus impossibles les unes que les autres.

Ces cinq monarchies avaient trop d'intérêts à sauvegarder pour nous permettre la moindre liberté et faisaient tout ce qui leur était possible pour retenir la lumière sous le boisseau. (A plaudissements.)

Elles avaient parfaitement compris que le jour où l'ouvr arriverait à une tribune pour y exposer ses besoins et dire quelle nature sont ses aspirations au bien-être matériel et i tellectuel, la domination n'avait plus sa raison de vivre, car (lors l'ouvrier se déclarait apte à se gouverner et à faire : affaires lui-même. (Approbation.)

Grâce à deux périodes intermédiaires de ces cinq monarch (1848 et 1870), deux périodes vénérées par les travailleu nous avons pu jouir d'un semblant de liberté, mais qui nou permis d'épancher dans le sein d'un ami et nos maux et moyens d'y porter remède.

Le Congrès de l'année dernière a posé, lui, la première pie de cet édifice social, en soumettant les graves questions qu' et ensemble il nous faut essayer de résoudre.

L'Europe entière a eu le spectacle imposant de ces trava leurs réclamant avec justesse et modération les droits dont t citoyen doit jouir dans une nation qui se dit libre et civilis (Applaudissements.)

Ces droits sont :

Du travail pour ceux qui sont jeunes et robustes ;

Du pain pour les vieillards et les infirmes. (Applaudis ments.)

A moyen âge, les seigneurs étaient tenus de fournir à le serfs et vassaux, qui dépendaient de leurs domaines et avaient atteint l'âge où l'homme est considéré comme ne po vant plus produire, du pain pour satisfaire leurs besoins, abri pour reposer leurs membres brisés.

Bien éloignée de nous est l'idée de retourner vers ce tem où nous n'étions considérés que comme un troupeau, bon t au plus à satisfaire les besoins de nos maîtres, et forcés d'e censer leurs plaisirs mondains, se fussent-ils abattus sur n mères, nos sœurs, nos femmes ou nos filles. (Applaudiss ments.)

La Révolution de 1789 a porté le premier coup à ces class privilégiées. 1789 a stigmatisé à jamais ce passé honteux barbare !

Supposons un moment que nos pères, qui ont fait cette sublime Révolution, viennent aujourd'hui assister à nos réunions, vous les entendriez s'écrier :

« A quoi donc a servi tout le sang que nous avons répandu
« pour détruire les classes privilégiées de la noblesse, puisque
« aujourd'hui encore vous supportez honteusement celle non
« moins privilégiée qui a nom : *la bourgeoisie?* »

La République donc doit à ses enfants, qui sont toujours prêts à se sacrifier pour elle, le droit de discuter franchement et sans arrière-pensée les moyens les plus propres à assurer l'avenir de ceux qui tous les jours travaillent à la faire proclamer la reine des arts, de l'industrie et de l'agriculture.

Je ne voudrais pas cependant qu'un jour on dise, en parlant de nos justes réclamations : *Ils n'avaient pas bien compris la question : Travail.* A cela nous répondrons par cette citation (G. Cavaignac, 1834) :

« Nous demandons à ce que le travail ne soit plus subor-
« donné à l'intérêt des avides et des oisifs. Nous demandons
« que le travailleur ne soit plus exploité par les capitaux ; que
« la main-d'œuvre ne soit plus son seul gain, qu'il trouve dans
« l'établissement des banques publiques, dans la propagation
« de l'enseignement et des méthodes, dans la sagesse de la jus-
« tice et l'assiette de l'impôt, dans la multiplicité des voies de
« communications, dans la puissance même de l'association, les
« moyens de faciliter sa tâche, d'affranchir son activité, de
« récompenser son industrie et son courage. Nous demandons
« surtout que le travail soit le premier des titres à l'exercice
« des droits politiques, car les sociétés vivent par le travail et
« non par la propriété. »

Mon langage, j'en suis certain, paraît dur à l'oisif. Mais que nous importe à nous les susceptibilités de ceux qui se sont toujours crus les classes dirigeantes. En supposant qu'ils aient une conscience, ils ne peuvent s'empêcher de dire : C'est vrai !

Avec la République, seul gouvernement qui nous garantit un peu de liberté, nous devons tous espérer de l'instruction sociale, cette dernière a commencé et elle peut déjà dire au capital qui nous qualifie d'utopistes : « Tu as cru les travailleurs inca-
« pables de savoir, ils sont la science ! Tu les a cru des natures
« molles, ils sont la foudre ! Tu les a cru insouciants, ils sont

« la production ! Tu les a cru sans amour, ils sont la famille !
« Tu les a cru sans volonté, ils sont l'énergie ! Tu les a cru
« sans vigueur, ils sont le courage ! Tu les a cru sans religion,
« ils sont la morale ! Tu les a cru des esclaves, ils sont la
« liberté ! » (Salve d'applaudissements.)

Partant de ce premier chef, il importe donc au travailleur
d'exposer ses réclames, non-seulement d'exposer ses besoins,
mais bien de faire ses affaires lui-même et par lui-même.

Il est pour tous parfaitement reconnu qu'il est parfaitement
impossible à l'ouvrier isolé de se créer un avenir qui lui per-
mette de se passer et de l'hôpital et de l'aumône, sa dignité, du
reste, l'y oblige.

Dirai-je quelques mots sur la vie journalière du producteur ?
Je ne le ferai pas, de plus autorisés que moi l'ayant déjà fait à
cette tribune.

User ses forces et sa santé au bénéfice de l'humanité en général et des patrons en particulier, telle est la tâche qui lui est
dévolue ; son rôle n'est autre que celui d'une machine vivante,
qui, une fois les rouages usés et le mécanisme brisé, est mise au
rebut et vendue à la ferraille.

Où donc est, je vous prie, la récompense qui nous est si légi-
timement due ?

Nous qui, tous les jours, construisons de puissantes machines
avec lesquelles on met en rapport les deux hémisphères ! Nous
qui construisons des palais somptueux, et qui les décorons de
tant d'objets d'art et de luxe, où donc est le toit hospitalier où
nos membres roidis pourront se reposer ?

Nos assises ont donc pour but d'aviser tous les moyens
propres pour se sortir de cette ornière, où depuis tant de siècles
nous languissons et mourons. (Applaudissements.)

J'avais reçu pour mandat de réclamer à cette tribune l'intervention de l'Etat pour assurer à la vieillesse le pain dû aux che-
veux blancs. Mais, pendant le cours de nos séances publiques
et par les paroles chaleureuses des citoyens orateurs qui m'ont
précédé à cette tribune, j'ai pu me convaincre que l'Etat, loin
de nous être favorable, à un moment donné pourrait être notre
bourreau ! (Applaudissements)

Me rangeant à l'avis ds la majorité et prenant pour devise
: mots qui nous sont tous frères :

Un pour tous, tous pour un !

Nous travaillerons, dans nos chambres syndicales, à fonder
: associations coopératives de consommation, puis, par de
es et saines conventions, contractées par tous les produc-
rs, nous formerons la grande fédération de la fourmilière
rière.

Pour arriver à ce but, nous réclamons à l'Etat, non pas une
qui nous autorise, parce que nous refusons la réglementa-
1, ce qui serait fait si toutefois cette loi était votée.

Je que nous demandons, c'est l'abrogation de toutes les lois
trictives qui, seules, sont causes de nos maux et de notre
lavage. (Applaudissements.)

Nous demandons la liberté pleine et entière de réunion et
ssociation ! Nous demandons surtout que nos mandataires au
lement ne nous promettent pas tant de beurre et qu'ils nous
sent une plus grande accessibilité au pain !

Ne voulant pas accepter le concours de l'Etat, et cherchant
la coopération, avec l'assistance des chambres syndicales,
à assurance pour nos vieux ans, il faut chercher d'abord à se
curer des fonds.

Nous devons, en première ligne, faire entrer dans une caisse
ciale les fonds que nous versons tous les jours à ces caisses
onymes d'assurances, qui n'ont de philanthropiques que leur
te-monnaie, et qui, alors qu'un travailleur est blessé, après
traitement de quatre-vingt-dix jours, est complétement
ndonné par cette caisse pour laquelle il a tant payé et dont à
ne en a-t-il tiré de quoi se substanter.

Nous verserions donc à la caisse syndicale, et qui serait gérée
des syndics élus par les corporations, les 2 0/0 que nous
sons aux mains d'une classe parasite qui se rit de nous et
de cette existence problématique qui est la lèpre de la ci-
sation moderne !

À cela nous ajouterions une cotisation mensuelle dans nos
mbres syndicales de 0,35 ou 0,50 0/0, qui seraient rever-
les dans la caisse de retraite.

Que nos vœux se confondent, que nos coudes se touchent, et tout ce qui paraît impossible à cette classe bourgeoise qui se dit dirigeante sera à jamais affirmé.

Donc plus de crainte pour notre avenir, et espérons que la révolution sociale mettra le terme à nos maux.

Ce jour-là, les armées permanentes auront disparu et nous pourrons, avec le bois des affûts de canons et des chassepots, chauffer nos vieillards et nos enfants, puis porter le fer au forgeron pour qu'il le transforme en socs de charrue et autres instruments agricoles.

Ce jour-là, nous crierons avec joie :

Vive la République sociale universelle !

(Triple salve d'applaudissements.)